María Luiza Walendowsky
Colección Dorada
Long Island al Día Editores
Español / Portugués

Primera Edición: Agosto 2015

Diseño gráfico: Daniel Lencinas
Diseño de portada: Lucy Lencinas
Fotografías de la portada: Lucy Lencinas / María Luiza Walendowsky
Fotografías interiores y de contraportada: María Luiza Walendowsky

Traducción y revisión Portugués: Español: Cristina Olivera Chávez
Revisión Portugués: Raquel Pedroso

ISBN: 978-0-9961255-1-2

"Colección Dorada" está integrada sólo por autores que además
son columnistas regulares del Periódico Digital Long Island Al Día
- www.lialdia.com -

Printed in USA - Impreso en los Estados Unidos de América

A través de mis ojos
Através de meus olhos

María Luiza Walendowsky

2015

POEMAS EN ESPAÑOL

Prólogo

Así como el Colibrí aletea sin descanso sobre el aroma de las flores, así el alma de la poetisa Maria Luiza revolotea degustando el néctar de la inspiración para recrear con el don de su sensibilidad literaria la más dulce o amarga experiencia poética de la vida...poemas y trovas nunca se sabe qué sentimientos profundos se trae entre las alas de su pensamiento hasta que nos lo escribe y comparte como un exquisito regalo para el alma...

Maria Luiza guarda en su alma
la belleza de abedules,
y en sus ojos, dulce calma
como dos lagos azules.

MARIA LUIZA

Maria Luiza lleva el cielo
en su mirar cristalino,
sus pestañas son el velo
de un edén puro y divino.

Maria Luiza lleva el cielo
pincelado con estrellas,
para hacer de tu desvelo
unas noches lindas, bellas.

Tiene sonrisas preciosas
en su mirar cristalino,
como lindas mariposas
adornando tu camino.

Sus manitas son consuelo
para el hermano, el amigo
sus pestañas son el velo
fraterno como el abrigo.

Es la estrella de amistad
que cobija tu destino
es la magia la verdad
de un edén puro y divino.

Cristina Oliveira Chávez

AGRADECIMIENTO

Agradezco a Dios, supremo creador, ante quien me he postrado de rodillas en señal de devoción, y con su ayuda me he puesto de pié, dignificándome en cuerpo y espíritu.

Dios, que iluminó mi sendero en los trayectos de oscuridad, me cargó de energía en los lapsos de mayor debilidad, cuidó de mi salud, y lo más importante, ha puesto ángeles en mi camino, quienes con su inestimable colaboración están haciendo posible mi sueño, de dar a luz, este texto poético en idioma español, idioma que tanto me encanta y cuyo afán es un misterio.

María Luiza

POEMAS

SOY

Soy el balanceo
del viento
en un barco a la deriva...

Como la brisa marina
persistente...
¡Constante!

Soy un suave aliento
que murmura, quedamente,
dulces palabras...

A veces soy un ciclón
fuerte...
¡Atrevida!
...Soy como el viento.

AÑORANZA

La añoranza que siento es como un dolor en el pecho,
tal cual un pájaro preso en su jaula.
Siento añoranza de tus ojos azules que transmitían paz,
seguridad, ponderación, alegría, esa felicidad por estar juntos,
que incentiva al coraje,
al final somos polacos.
Los mismos ojos azules
que muchas veces observaban nuestras actitudes.
Con sensatez decían: - ¡Calma!
"Quien dice lo que quiere,
escucha lo que no quiere"
Mi añoranza aumenta de tus ojos dignos,
delante de nuestras conquistas, nuestras pequeñas victorias.
Siento que llevas el cielo en tus ojos
admirando las orquídeas,
pájaros libres, que se perdieron en el infinito,
que rememoraban nuestras tradiciones.
La fe día a día, con el rosario en las manos,
como nuestro abuelo y ahora nosotros mismos.
Añoranza de ojos azules, herencia inestimable.
Los de mi padre que ya se cerraron,
pero continúan vivos en mis dulces y tiernos recuerdos.
¡Tus ojos azules, adorado padre,
estarán brillado por siempre!

ORQUÍDEAS

Recuerdo los ojos alegres de mi padre,
sus manos acariciando las hojas.
El brillo en sus ojos
eran el reflejo de las flores.
Las orquídeas caprichosas se transformaban
bajo la ternura de su mirada en:

Medusas vegetales
Novias de la primavera
Mariposas encantadas
Arquitectura floral
Rocío multicolor
Fuga de matices
Estrellas majestuosas
Cúpula floral
Rosario celestial
Ángeles alados
Flamencos meciéndose en el viento.
Mi padre era un capitán de navío
en un océano de orquídeas.

OJOS DE ORQUÍDEAS

Padre, la noche cae
en el recuerdo de tu despedida.
¡ Y son tantas las noches !
Los amaneceres traen volando,
desde la inmensidad del infinito,
tus bellos ojos azules de celestial bondad.
¡ Y son tantos los días!
Noche y día son razones
de mi equilibrado consuelo.
Ojos de orquídeas,
tenía también mi padre
en su amado orquidiário.
Océano multicolor y fragante,
donde acariciaba cada flor,
cada hoja verde o herida,
con infinita paciencia .

Las bendecía de rocío.
Luchaba con toda su alma,
contra las porfiadas malezas
como un príncipe azul,
protegiendo a sus soberanas,
provenientes de todos los reinados
del hábitat brasileño.
Ellas resplandecían de belleza,
como recado de amor,
él sonreía colmado de felicidad.

19

Ese era su lenguaje de comunión.
Casi perdió la vida por ellas,
cuando fue atacado ferozmente
por una horda de abejas africanas,
también celosas de las orquídeas.
Amante de los animales
sembraba migas de pan
por todo el jardín,
para alimentar a los pájaros,
enseñándome sus nombres.
Siempre tuvo perros regalones,
benefactor de los callejeros.
Aún recuerdo con viva felicidad,
aquella mágica mañana,
que me regalaste un cachorro,
metido en mi zapato,
como calcetín de peluche.
Recuerdo cautivantes navegaciones
tras la captura de peces.
Yo era la única niña
entre sus amigos marinos.
" La pequeña sirena"
alentando con mi sonrisa la pesca.
Sus ojos brillosos de orgullo,
se confundían con el mar.
En Pascua, salíamos en busca
de una flor especial,
llamada Macela del Campo,
para preparar los nidos,
donde el conejito travieso,
ponía huevos horneados y pintados a mano,
según la tradición Polaca.
¡Cuánta nostalgia!

Mi padre un hombre de honor,
con escasos estudios,
pero de gran sabiduría.

Un trabajador de la carretera,
rodando todos los rincones de Brasil.
Pasó la mitad de su vida en su camión hogar,
que siempre protegió su copiloto Jesús Cristo.
Aunque llegaba extenuado,
sus rudos brazos conductores,
se hacían mi cuna de amor,
y siempre de regalo, un beso chocolate.
Viajaba con él hipnotizada ,
en sus bellos relatos de viaje.
De personalidad enérgica y determinada.
Hombre de palabra.
Hecho a intemperies.
A pulso de la subsistencia.
Miraba a ras de tierra
de ahí hacia arriba observaba el mundo.
Gran conocedor de los estratos sociales
y sus vergonzosas desigualdades.
Inculcador de valores éticos y morales,
que regulen la humanidad.
Frágil y emocional.
Aguador de lágrimas silenciosas,
frente a la hambruna mundial.
Frente a la insensatez,
inmisericorde de la guerra.
Del frenesí a la infamia social,
del imperio del poderoso
y su capacidad de permanencia.
Hombre de mucha fe.
Se renovaba a diario, a través de la oración.
Siempre se disculpó de sus errores, de sus fracasos.
Cada día pedía a Dios
vigorizar sus fuerzas, renovando sus esperanzas.
Padre de ojos azules.
Padre de ojos de orquídeas.
Tus ojos ahora pincelan el cielo.

DIOS

Dios está como
un regalo en mi corazón.
Soy una persona feliz,
repleta de luz y armonía.
Cercada por ángeles
que vuelan en mi entorno.
Dejo mis mañanas en sus manos creadoras.
Me privilegias con paz de espíritu y amor.
Dios, Ser Supremo de la bondad, que en mi vida ha cambiado
las tormentas en cielo abierto .
El sufrimiento fue una escalera para
alcanzar mi alma limpia y pura
Teniéndote ahora alrededor,
soy un instrumento de tu voluntad.
En ti está la salvación
que debemos fortalecer.

MI ORACIÓN

En el silencio de la noche en devoción ruego a Dios
encendiendo una vela.
Dios te pido ampliar mi fe, humanices mis acciones,
habites en mi corazón .
Haz de mí tu instrumento la paz y sabiduría.
Los cánticos de los ángeles sean el sonido de mi boca.
Mis manos herramientas de construcción
de humildad y enseñamientos.

Protege a la humanidad de los que solo quieren riquezas.
Que las palabras rompan las lanzas.
Que florezca la paz en el mundo.
Arranca el pan de las vitrinas,
y ponlo en las manos de los necesitados.
Dios, ciérrame la puerta de los prejuicios, trae la solidaridad a
los hombres,
en el amor, alimentación y esperanza.
Defiende al hombre de injusticias.
Cobíjalo de las intemperies y enfermedades
que los niños respeten a sus progenitores
que sus padres sean un espejo de virtudes.
Da salud, justicia y armonía.
El Señor es el Paraíso.
Bendiciones y gracias.

ÁNGELES

Ustedes fueron llegando
uno a uno
como hijos celestiales
para complementar mi vida.
Los recogí en mi nido madre
y como seres destinados
me acogieron en sus almas.

Dios los puso en el camino
para aliviar mi carga,
iluminar la senda
calentar mi hogar
complacerme en espíritu.

Mirando mí ayer
veo un largo sendero extraviado.
Con ustedes nací nuevamente
reafirmando mi fe,
por amor al semejante.
Cambiaron el horizonte de mi destino
recuperando la sonrisa.
Soy fraterno eslabón humanitario.
Manos extendidas
como vientre materno.

ETERNOS NIÑOS

Caminé por la rutina del mundo
creyendo que así era la vida
pero ellos rompieron la burbuja
y conocí su universo.

Me enseñaron más de lo que eduqué.
Aprendí que la superación humana
se logra a través de pequeñas conquistas.
Pequeños logros grandes triunfos.

Mundo de niños especiales.

Que no saben el sentido
de la palabra maldad.
Faros de luz en sus familias.
Llamas de amor
sol radiante en sus hogares.

Niños puros, inocentes.

¡Eternos niños!

LAS MANOS

Abro las ventanas de mi pensamiento
a través de mis ojos.
El equilibrio de las hojas en el follaje.
Las flores jugueteando con las mariposas
compitiendo en colores.

Las manos
herramientas de la humanidad.
Las mismas que acarician
o que se tiñen de sangre.
Rompen el silencio del silencio
y le dan voz a las cuerdas vocales
que no pueden vibrar
para transformar en palabras.
Las manos danzan,
se encorvan y se extienden.
El más pleno silencio para
hacer oír a los ojos.
Manos que como una danza
hacen al lenguaje volar .
Llevan a la excitación y sentimiento
de la expresión corporal y facial.
Cuando quiero decir: Te quiero,
cierro mi mano y la pongo sobre mi pecho
acariciando el corazón.

Levanto mi mirada al cielo.

Doy gracias a Dios
y me quedo hablando con las estrellas
que me responden con sus guiños.
En mi maravilloso mundo del silencio.

LA PAZ

La paz que tanto procuro
muchas veces
brota
en una oración,
en otras en la sonrisa
de un niño,
en el abrazo del amigo.

La paz que tanto procuro
está integrada a mí
con la inmensidad del cielo.
Como las flores, los pájaros,
y los ojos de las personas
que cruzan mi camino.

La paz que tanto procuro
late sincronizada
en mi corazón
porque Dios ilumina
mi vida
para que con mis poemas
y actos, bendiga su nombre
en todos los rincones.

VIAJAR ES VIVIR

Viajo a través de los ojos de las personas
que encuentro en
las ciudades cuyas calles reconozco.
Paseo por su cultura,
costumbres e ideales,
comidas y música,
artesanía y arquitectura.

Poniendo delante de la sonrisa,
de la ancianidad marcada por el tiempo,
de los paisajes
que me llevan a creer
en las pinceladas altísimas de Dios.

Viajo a través del llanto impotente de un niño,
de la conquista de nuevos conocimientos,
del encuentro con nuevas amistades.

Del cielo bañado por el brillo de la luna
y las estrellas, techando mi universo.

De cada persona que se cruza en el camino
dejando huellas en mi corazón.
¡Sí! viajar, para mí es vivir!

RECUERDO

¿Por qué insistes?
Tu recuerdo vuelve para maltratar mi dolor.
Mientras escudo mi ánimo para protegerme.

Quiero olvidar
para que la brisa sucumba las dolencias,
cambie en dulces susurros, calentando mi esencia.

Que el huracán limpie todo en un segundo,
no deje nada, nada.
Solo cicatrices para recordar que un
día te amé.

Ahora el viento borra mi tristeza,
intenta hacer un sonido del alma
una brisa tenue en el recuerdo.

Mi alma alberga heridas,
que se mitigan al nacer de nueva vida .

En campos y praderas, todo es verdor,
no necesito abrir mis cicatrices.

SUEÑOS

Como pájaro de largas alas
que hace travesías en océanos,
así es mi sueño.
Me acuno en tus brazos,
reposa mi cabeza en tu pecho,
escucho tu corazón latiendo de amor.

Ríos de esperanza me conducen a tu mundo,
donde el sol que ilumina tu sonrisa hace brillar
llamas de pasión.

Sueños brotando como livianas plumas,
acariciando nuestro amor.

Son sueños, sueños y nada más!

HABÍA

Había dentro de mí la esperanza
de nuevos días.

El brillo en tu mirada.
Una sonrisa me acogía.

Una ternura en tus gestos
me despertaba.

Brindaste con la caricia de los vientos
balanceando sonidos de dulces palabras,
como el perfume de una flor
de jazmín.

Aunque caminar al ritmo
de nuestros corazones
nos llevaba a
una ilusión de momentos
eternizados por tu amor.

TRISTEZA

Tristeza del alma
vete muy lejos...
No te quedes sofocándome
con esta angustia
de dolor sin fin
en el pecho.

Son tantos los motivos...
¿Porqué insistes en quedarte?

Déjame ser libre...
volar bien alto
y, en el infinito,
sonreír con orgullo,
a una nueva vida resuelta
a florecer...

¡No insistas!

SOLEDAD

Necesito apagar el deseo de ser mujer encarcelada,
aunque broten lágrimas saladas como el mar.
Vislumbro, una multitud de abrazos en constante fuga,
un viaje en el tiempo
cargando una mochila de muertes y nacimientos.
Estas presienten en mi estado emocional
que envuelve mi alma, vistiéndola
de libertad.
Te confieso que asimismo
la obscuridad separa, de otros mundos,
mi propio universo.

INQUIETUD

Mi alma
es un mar agitado,
rompiendo con ira las olas
contra las rocas del litoral.

Tiene sabor de angustia y desespero,
como el vuelo devastador
del águila, en busca de presa
devorando su carne.
Es una tormenta desatada,
para lacerar y corromper
cada pedazo de mi corazón.

El desasosiego en mi nido
es como un laberinto lagrimoso,
en mi alma llena de emoción.

AMOR

¿Qué sentimiento es este
capaz de hacerme sufrir
deseando que el tiempo pare
para disfrutar cada segundo,
que paso a tu lado?.

¿Será amor?

Es la sonrisa brillando en tus ojos
aunque no sea por mí.
La paciencia por una palabra
de esperanza que ilumine mi desierto.
Ansió en oírte
cada día que vienes a compartir
de tu vida
sin hacerme parte.

Amor es verte feliz
a través de mis lágrimas.
¡Eso es AMOR!

LOS BESOS

Los besos que me gustaría darte se quedan en mi corazón.

Los besos que me gustaría sentir de tu boca
permanecerán en mi alma.

Los besos y abrazos que me gustaría vivir se dormirán en mi
mente y en mi pecho.

Los besos que no te di son las promesas del futuro, se anidarán
en mi boca esperando el amor profundo.

Los besos que no te di los guardo en el corazón, quisiera tener-
los en mi boca para amarte.

Los besos que no dimos se quedaron como un dulce recuerdo,
envueltos en lágrimas de esperanza.

Los besos que nos negamos son fuego quemando mis labios.

Los besos que espero, son luces que brillan en el horizonte.

Seguiré esperándote...

TE BUSCO

Te busco como un pájaro
al nido de su cría,
para nutrirlo de amor, tan soñado.
Avanzo como un río
contorneando los obstáculos,
para llegar a la inmensidad del mar.

Te busco en la sonrisa de un niño
que anuncia la felicidad, de la magia de tu risa.
En cada mirada con
la esperanza que se crucen nuestros ojos ,
que nutren todo mi aliento,
en la noche como una lechuza
que se embriaga de estrellas.

Sí, te busco en todos los rincones del infinito.

Te busco.

ETERNO MIRAR

Cuando nuestros ojos se encuentran
es cómo bucear en un mundo
sin palabras...
Intento decirte lo que siento,
no poder decir lo que quiero...
Y tus ojos continúan mirándome
en silencio.
Busco entonces, en tu rostro,
en tus manos, en tu cuerpo,
la respuesta.
Continúas mudo,
niego lágrimas que insisten en caer,
cierro mis ojos
por un instante, un minuto,
un segundo.
Después veo tus ojos
casi serenos,
indiferentes.
Sólo esta angustia
oprime mi pecho.
Afortunado
insisto en verte,
busco alguna señal,
un brillo, la esperanza.

CASTILLOS DE ARENA

Sueños deshechos como castillos de arena,
construidos con agraciadas oraciones,
en mis oídos de mujer niña,
por un príncipe azul encantado
por la vara mágica de las palabras.

Castillos, ilusiones efímeras.
Desatadas realidades imborrables.
Bellos castillos coloridos,
se tornan grises y deshabitados,
en mi playa solitaria.

Castillos edificados en mi pecho,
por el lenguaje arquitectónico de tu voz,
débiles cimientos de arenilla
se derrumban con la realidad del despertar.

Castillos de arena sin puertas de ingreso
compactos pero vanos, sin ventanales
para observar el amor.

CAMINO

Camino por la casa y no te encuentro.
Siento tu presencia,
tu olor, el brillo de tu sonrisa.
Tu voz masculina en mis oídos,
para hacer una canción.

Sigo en la habitación
y miro tu cuerpo tendido
entre las sábanas, mi corazón late
entonces bajo para tocarte.
Pero las lágrimas que mojan mi cara
me despiertan y tu sólo eres una imagen.
Observo todos los rincones.
¿Dónde estás?
¡Te quiero mucho, necesito amarte!

ERES

Eres mi sueño más hermoso,
la festividad cotidiana,
añoranza infinita.

El primer destello del día,
en la despedida de la noche estrellada,
que unen en oración la
esperanza de nuevos mañanas,
La magia en mis ojos
la sonrisa de mis labios
que acelera mi corazón,
con un suspiro prolongado.

Primoroso mundo que ha tenido,
darte la clave que abre mi corazón
y deja entrar el amor.

DISCÚLPAME

Discúlpame por amarte,
siguiendo tus pasos y tus gestos.
Quería grabar en mi corazón,
cada movimiento tuyo.
Las bromas que hice
para ver en tus labios una sonrisa.
Tantas veces
dije tu nombre,
con ganas de gritar
mi amor.
Excúsame los momentos que robé
de tu precioso tiempo,
para quedarme contigo,
buscando en ti, lo mejor de mí.

Me siento en falta
con tu dolencia
sin embargo te acunaba y sufría,
bebiendo de tu boca un sonido,
para continuar amándote.

VIDAS I

Veo el sol yendo lentamente.
Los colores que lo cercan son increíbles.

Veo mi vida
poco a poco escurriendo
como un hilo de arena,
entre los dedos.
El vacío dentro de mi pecho,
es la certeza de que no quedan,
siquiera esperanzas
o sueños.

Deslizo la mano en mi rostro,
y siento el pasar de los años,
la piel pálida y flácida,
los ojos sin brillo
y mi alma
completamente deshabitada
de emociones.

A veces siento tímidas sonrisas,
pero es sólo ilusión.
Las lágrimas brotan
silenciosas.

VIDAS II

Vidas, que se cruzan,
en sus abrazos
se funden.
Mezclando alegrías,
tristezas, amistad y confidencias.

Vidas, que a través del tiempo,
crean raíces en nuestros corazones,
trenzando collares de felicidad.
Mas una leve chispa de conflicto,
nos abandona desguarnecidos,
dejando cicatrices en el alma.

Olvidando que Dios nos regala
auroras de vida para
iluminar nuevos caminos.

DESEO

Tus ojos como dos estrellas,
tu boca como la luna,
tu sonrisa a calentarme,
tal cual un sol de invierno.

Que tus manos
exploren mi cuerpo,
como un mar profundo,
y después con ellas
entrelazadas seguimos caminando.

Abrigarme en los largos suspiros
de tu corazón .
Te quiero por entero.

AMOR CICLÓN

Un ciclón invadió mi alma arrasó mis pensamientos,
sacó mis árboles de cuajo.
Tus intensas miradas
me transportaran a inolvidables mundos,
universos paralelos conjugados,
plenos de vida.

Tus versos en mi oído son preludios de pasión
y yo, mañana de otoño,
siento el viento sobre mi rostro,
el latir de corazones desbocados.
Me desnudas el alma,
completas mis esperanzas,
perfumándome de tus encantos,
extraes lo más bello de mi existir.
Paso así
entre tu cuerpo y el mío,
momentos iluminados en mi vida,
envuelta en los abrazos de tus fuertes manos.
Saboreo tus labios
en besos que me hacen infinita.
Fuiste el ciclón que sacudió
mi percepción del mundo,
dando a luz un nuevo amor.

USTED

Llegaste tranquilo,
con una sonrisa traviesa,
brillando en tus ojos
dulces palabras.
Ocupando largas horas
momentos de recuerdos,
emociones a flor de piel.

Apresuraste mi sueño
con relatos de fantasías
Yo, imitando a una niña
me dejé arrullar.

Despertaste sentimientos
cantando mi música preferida,
desajustando mi corazón.

Es una puesta de sol,
vividor de amores,
dibujas el arco iris, en un nuevo atardecer.

Por eso te dedico esta canción
¡Te quiero tanto !

HOMBRE POETA BANDIDO

Una tarde lluviosa y fría
por las calles grises sigo
acompañada de un hombre amable.
Hombre poeta, hombre misterioso,
con sus ojos negros como la noche,
con voz envolvente dijo:
Soy un bandido y sigo la tradición de mi familia,
¡La secuestro a usted!
Sonrío, pues me fascina este secuestro gentil,
donde este hombre bandido me conduce
con seguridad.
Envuelta en una mezcla de sentimientos,
encantamientos, seducción y miedo.
Percibimos un secuestro permanente
una historia de vida,
que volvería a repetirse incansablemente
venciendo espacios y calendarios.
Hombre poeta y bandido...
¿Quién es este hombre poeta bandido
que recuerda pequeños detalles?

Hombre poeta de sentimientos profundos.
Hombre bandido que me tiene cautiva en la guarida de su amor.

NOSTALGIA

El dolor en el pecho me consume
evocando tu nombre como un susurro.

Involucro dulces recuerdos,
en caminos que transité contigo.

Hubo risas, miradas, caricias compartidas,
con la suavidad de los roces,
mariposas besando las flores.

Usted llena mi alma con ilusiones de vida
haciendo volar con plenitud mi ser.

Hoy, con el anhelo del corazón herido,
solo quiero que vengas a mí,
con tu alma cálida y fragante.

RETORNO

Cuando cruzamos nuestras miradas,
reconocí tus ojos negros.
Tanto demoraste en regresar
que gasté noches tejiendo lunas
para vestir el tiempo.

Cuando te abrí mis puertas
entraste con la luz del sol
te recibí con festividad,
sonriéndote con mis pétalos azules.

Llegaste a mi lecho de amor,
matando las distancias
antes del olvido.
Entonces me arropé en tu piel,
y fue una tormenta desatada
girando en torbellino de amores.

Al despertar en tus brazos,
éramos un solo cuerpo
consumado de armonía.
Ambos habíamos triunfamos
sobre el tiempo y el olvido.

DESPIERTO

Abro la ventana en mis ojos
con susurros de sinfonía.
Deslizo las nubes del cuarto
mirando la claridad de tu sonrisa,
saludar en piel morena el día.

En la cuna de tus brazos
de nuestro lecho de amor,
despiertas el sol
brillante entre mis piernas.

Balanceas tu cuerpo
en íntima navegación,
avivando mis sentidos
con tus manos sedientas.

Alientas el deseo
de abrir de par en par
mi flor adormecida.

Elevo mis piernas como alas
para llevarte en este vuelo de mariposas
hasta el infinito.

¡ NO !

Palabra repetida
con tanta insistencia en nuestra infancia.
Niña no juegues en la calle.
Niño los hombres no lloran.
No grites, no corras.

En la juventud
No llegues tarde a casa.
No faltes al colegio.
No fumes, no bebas.

Extraña palabra
que encierra tanta oscuridad.
Muchas veces truncó nuestros sueños.
Apagó las voluntades.
Debilitó el carácter.

Sin embargo este monosílabo
contiene todo el cariño
con el que fuimos educados,
para evitar el peligro
en nuestras vidas.

Palabra tan necesaria
para la convivencia de la humanidad:
No a la guerra
No a la desigualdad

No a la injusticia
No a la corrupción
No a la violencia
No a la esclavitud
No al daño ambiental
No al mal trato animal
No al que nos daña
No, No, No.

MI CASA

Mi casa, está cerca del cielo.
Encajada en un bosque encantado.
Sostenida sobre una sinfonía de pájaros.
Golpes de olas perfumadas
abren de par en par las ventanas
y dejan ver un mar de flores.
La primera piedra fue el amor.
Mi determinación y la fraternidad
de mis amigos, sus cimientos.
Cada rincón, es como la palma de mis manos.
Figuras, objetos, cuadros,
tienen una razón de vida.
Galopé lunas enfrentando tormentas,
para habitar mi nido.

SOY AHORA

Soy como el viento
en busca del horizonte
que desliza agua de manantiales,
para pacificar mi ser.

Soy como la brisa marina
conduciendo uno tras otra,
persistentemente,
en galopes suaves,
miles de olas hacia las playas.

Soy un leve soplo
como apacibles caricias
en las mejillas rotas de las velas
envejecidas.

POEMAS EM PORTUGUÊS

Prefácio

Como o colibri paira incansavelmente sobre o perfume das flores, também a alma da poetiza Maria Luiza esvoaça para experimentar o néctar de inspiração e recriar o dom da sua sensibilidade literária experiência poética mais doce ou amargo da vida... Poemas e trovas nunca sabem o que traz sentimentos profundos entre as asas de seu pensamento até que escrever e compartilhar como um presente requintado para a alma...

Maria Luiza tem na alma
de abeludes a beleza,
e em seus olhos, doce calma
de azuis lagos de pureza.

MARIA LUIZA

Maria Luiza leva ao céu
com aspecto cristalino,
e seus cílios são o véu
de um paraíso divino.

Maria Luiza leva ao céu
pincelado com estrelas,
para então sonhar ao léu
nas noites lindas e belas.

Tem alegrias diletas
com aspecto cristalino,
como lindas borboletas
e a pureza de um menino..

Suas mãos mostrando o céu,
para o amigo e o irmão
e seus cílios são o véu
fraterno como a emoção.

É a estrela da amizade
abrigando o seu destino
é a magia e a verdade
de um paraíso divino.

Cristina Oliveira Chávez

AGRADECIMENTO

Agradeço a Deus, Supremo Criador, por quem tenho ajoelhado em sinal de devoção, e com sua ajuda tenho me posto em pé, dignificando-me no corpo e no espírito.

Deus, que iluminou meus caminhos na escuridão, me encheu de energia, nos períodos de maior fraqueza, cuidou da minha saúde, e mais importante, colocou anjos ao meu caminho, que com a sua ajuda inestimável estão me permitindo realizar o sonho de dar à luz, este texto poético em espanhol, uma língua que eu tanto amo e cujo desejo é um mistério.

Maria Luiza

POEMAS

SOU

Sou como o vento
que balança
um barco à deriva...

Como a brisa marinha
persistente...
Constante!

Sou um suave alento
que murmura, vagarosamente,
doces palavras...

Às vezes, sou um ciclone
forte...
Determinada.
...Sou como o vento.

SAUDADE

A saudade que sinto é como uma dor no peito, tal qual um pás-
saro preso na gaiola.
Sinto saudade dos teus olhos azuis de céu, que transmitiam paz,
segurança, ponderação,
alegria...
Felicidade por estarmos todos juntos, que incentivava a cora-
gem...
afinal somos polacos!
Os mesmos olhos azuis que muitas vezes censuravam nossas
atitudes,
(minha e de meu irmão), com sensatez diziam: - "Calma! Quem
diz o que quer,
ouve o que não quer"!
Minha saudade aumenta: dos teus olhos orgulhosos,
diante de nossas conquistas - nossas pequenas vitórias!
Sinto que levavas o céu em teus olhos ao admirar as orquídeas,
e os pássaros livres, a se perderem no infinito...
Que recordavam nossas tradições, a fé no dia a dia,
com o rosário nas mãos, como nosso vovô... E agora nós!
Saudades dos olhos azuis
herança inestimável, hoje vivem em mim, meu pai!
Olhos que já se fecharam,
mas continuam tão vivos
em minhas mais doces e ternas lembranças.
Teus olhos azuis, adorado pai,
estarão brilhando
por todo o sempre!

ORQUÍDEAS

Lembro-me dos olhos felizes de meu pai,
suas mãos acariciando as folhas.
O brilho em seus olhos
era o reflexo das flores.

As orquídeas caprichosas transformavam-se
sob a ternura do seu olhar como:
Noivas da primavera.
Borboletas encantadas.
Arquitetura floral.

Suaves e multicolores.
Estrelas majestosas.
Cúpula floral.
Rosário celestial.

Anjos alados.
Flamingos, balançando ao vento.

Meu pai era um capitão
em um oceano de orquídeas.

OLHOS DE ORQUÍDEAS

Pai, à noite
Cai na recordação de tua despedida.

E são tantas as noites!

Os amanheceres trazem voando,
desde a imensidão do infinito,
Teus belos olhos azuis,
de celestial bondade.

E são tantos os dias!

Noite e dia são razões
de meu equilibrado consolo.
Olhos de orquídeas,
tinha também meu pai,
em seu amado orquidário,
oceano multicor e fragrante,
acariciava cada flor,
cada folha verde ou ferida
com infinita paciência.

Abençoava-as de orvalho.
Lutava, com toda sua alma,
contra as ervas daninhas,
como um príncipe azul,
protegendo as suas soberanas,

provenientes de todos os reinados
do habitat brasileiro.
Elas resplandeciam de beleza,
como recado de amor.
Ele sorria cheio de felicidade,
essa era sua linguagem de comunhão.
Quase perdeu a vida por elas,
quando foi atacado ferozmente,
por um enxame de abelhas africanas,
também zelosas das orquídeas.

Amante dos animais,
Semeava migalhas de pão
por todo o jardim
para alimentar os pássaros,
Ensinando-me seus nomes.
Sempre teve cachorros regalões,
benfeitor dos rueiros.
Ainda recordo, com viva felicidade,
aquela mágica manhã,
que me presenteaste com um cão
dentro de meu sapato,
como um boneco de pelúcia.

Recordo os formosos passeios de barco,
atrás da captura de peixes.
Eu era a única menina,
entre seus amigos marítimos
"A pequena sereia"
Alentando com meu sorriso a pesca.
Seus olhos brilhosos de orgulho
se confundiam com o mar.
Na Páscoa, saíamos à procura
de uma flor especial,
uma flor chamada Marcela,
para preparar os ninhos,
onde o coelhinho travesso,
punha ovos cozidos

e pintados à mão,
Segundo a tradição Polaca.
Quanta nostalgia!

Meu pai, um homem de honra,
com escassos estudos,
mas de grande sabedoria.
Um trabalhador da estrada,
Rodava todos os rincões do Brasil.
Passou a metade de sua vida
em seu caminhão lar,
Que sempre protegeu
Como piloto Jesus Cristo.
Ainda que chegasse extenuado,
seus rudes braços condutores
se faziam meu berço de amor,
e sempre um beijo, um chocolate.
Viajava com ele, hipnotizada,
em seus belos relatos de viagem.
De personalidade
forte e determinada,
homem de palavra,
sujeito a intempéries,
a pulso da subsistência,
olhava terra interessantes.
Daí para cima, observava o mundo,
grande conhecedor dos estratos sociais
e suas vergonhosas desigualdades...
Educador de valores éticos e morais,
que regulam a humanidade,
frágil e emocional.

Aguador de lágrimas silenciosas,
frente à fome mundial,
frente à insensatez.
Falta de misericórdia da guerra,
À infâmia social,
do império do poderoso
e sua capacidade de persistência.

Homem de muita fé.
renovava-se a diário
com oração.
Humilde sempre pediu desculpas
de seus erros, de seus fracassos.
Cada dia, pedia a Deus,
Renovava suas forças,
revivendo suas esperanças.
Pai de olhos azuis.
Pai de olhos de orquídeas.
Teus olhos agora pincelam o céu.

DEUS

Deus é como
um presente em meu coração.

Sou uma pessoa feliz,
Repleta de luz e harmonia.

Cercada por anjos
voando a minha volta.

Deixo minhas manhãs em suas mãos criadoras.
Você me privilegia com paz de espírito e amor.

Deus, o Ser Supremo de bondade que mudou
a minha vida, transformando tempestade em céu aberto.

O sofrimento foi uma escada para
alcançar a alma limpa e pura.

Tendo Deus ao meu redor
sou um instrumento de Sua vontade.
No Senhor está à salvação
na qual devemos nos fortalecer.

MINHA ORAÇÃO

No silêncio da noite em devoção
rogo a Deus, acendendo uma vela,
peço-lhe que aumente minha fé,
humanize minhas ações,
habite em meu coração.

Faça-me instrumentado de paz e sabedoria.
Que as canções dos anjos soem da minha boca.
Minhas mãos sejam ferramentas de construção
de humildade e ensinamentos.

Proteja a humanidade de quem só quer riquezas.
Que as palavras quebrem as lanças.
E floresça a paz no mundo.
Das vitrines, tire o pão colocando-o nas mãos dos necessitados.

Deus, feche a porta do preconceito,
traga a solidariedade entre os homens,
com amor, alimento e esperança.
Defenda o homem da injustiça.
Salve-o das intempéries e doenças.

Que as crianças respeitem seus pais,
sendo eles espelho da virtude.

Dê-nos saúde, justiça e harmonia.
O Senhor é o paraíso.
Bênçãos e obrigada

ANJOS

Vocês foram chegando
um a um
como filhos celestiais
para complementar minha vida.
Recolhi-os em meu ninho de mãe
e como seres destinados
acolheram-me em suas almas.
Deus os pô-los em meu caminho
para aliviar minha carga,
iluminar a estrada
acalentar meu lar
ajudar -me em espírito.
Olhando meu passado
vejo uma larga trilha extraviada.
Com vocês nasci novamente
reafirmando minha fé,
por amor ao semelhante.
Mudaram o horizonte de meu destino
recuperam meu sorriso.
Fraterno elo humanitário.
Mãos estendidas,
acolhedoras,como ventre materno.

ETERNAS CRIANÇAS

Caminhei pela rotina do mundo,
crendo que assim era a vida
mas eles romperam a bolha
e conheci seu Universo.

Ensinaram-me mais do que eduquei.
Aprendi que a superação humana
se ganha através de pequenas conquistas.
Pequenas realizações, grandes triunfos.

Mundo de crianças especiais.
Que não sabem o sentido
da palavra maldade.
Faróis de luz em suas famílias.
Chamas de amor
sol radioso em seus lares.
Crianças puras, inocentes.

Eternas crianças!

MÃOS

Abro a minha mente
através dos meus olhos.
Os balanços na folhagem.
As flores que brincam com as borboletas
em cores competindo.

As mãos,
ferramentas humanas.
As mesmas que acariciam
ou se mancham de sangue.
Quebrando o silêncio do silêncio
e voz às cordas vocais,
que não podem vibrar
para transformar-se em palavras.

Mãos de dança.
Curvam-se e estendem-se.
Máximo silêncio.
São ouvidos, os olhos.
Mãos como uma dança
fazem a língua voar.
Levando à excitação e emoção,
o corpo e expressão facial.
Quando eu quero dizer que eu te amo,
Fecho minha mão em meu peito,
acariciando o coração.

Levanto os meus olhos para o céu.
Agradeço a Deus,
falo com as estrelas,
que respondem com seu brilho
em meu maravilhoso mundo do silêncio.

A PAZ

A paz que tanto procuro
muitas vezes
brota
numa oração,
outras, no sorriso
de uma criança,
no abraço do amigo.

A paz que tanto procuro
está integrada a mim
como a imensidão do céu.
Como as flores, os pássaros,
e os olhos das pessoas
que cruzam meu caminho.
A paz que tanto procuro
bate sincronizada
em meu coração,
porque Deus ilumina
minha vida
para que com meus poemas
e atos, possam abençoar em seu nome.
todos os rincões .

VIAJAR E VIVER

Viajo, através dos olhos das pessoas,
que encontro nas
cidades, cujas ruas percorro.a cultura,
costumes e ideais,
comida típica e música,
artesanato e arquitetura.

Mergulho no silencio
do sorriso da anciã, marcado pelo tempo.

Das paisagens magnificas,
me levam a crer
nas pinceladas altíssimas de Deus.

Viajo, através do choro impotente de uma criança,
da conquista de novos conhecimentos,
de encontros com novos amigos.

Viajo no céu banhado pelo brilho da lua
e das estrelas, enfeitam o universo,
de cada pessoa que atravessa o caminho,
deixando pegadas em meu coração.

Sim! Viajar, para mim é viver!

LEMBRE-SE

Por que você insiste?
Tua lembrança volta a maltratar a minha dor.
Enquanto um escudo protege minha vontade.

Quero esquecer,
para que a brisa sucumba as doenças,
mude em doces sussurros,acalentando minha essência.

Que o furacão limpe tudo em um segundo,
não deixe nada, nada.
Somente cicatrizes para lembrar que um
dia te amei.

Agora o vento apaga a minha tristeza,
tenta fazer do som da alma,
uma leve brisa na memória.

Minha alma abriga feridas
que mitigam o nascer de uma vida nova.

Em campos e prados, tudo é verde,
não preciso abrir minhas cicatrizes.

SONHOS

Como pássaro de longas asas
que faz travessias em oceanos,
assim é meu sonho.
Acalento-me em teus braços,
repouso minha cabeça em teu peito,
escuto teu coração batendo de amor.

Rios de esperança me conduzem a teu mundo,
onde o sol que ilumina teu sorriso faz brilhar
chamas de paixão.

Sonhos brotando como levianas plumas,
acariciando nosso amor.

São sonhos, sonhos e nada mais!

HAVIA

Havia ,dentro de mim a esperança
de novos dias.

O brilho em teu olhar,
o sorriso me acolhia.

Uma ternura em teus gestos
me despertava.
Brindaste com o toque de ventos
balançando sons
de doces palavras ,
como o perfume de uma for de jasmin.

O caminhar ao ritmo
de nossos corações.
nos levava a ilusão de momentos
imortalizado por teu amor.

TRISTEZA

Tristeza da alma
vai-te para muito longe...
Não fiques-me sufocando
com esta angústia
e dor sem fim
no peito.

São tantos os motivos...
Porque insistes em ficar?

Deixa-me ser livre... Deixa-me
voar bem alto
e, no infinito,
sorrir com orgulho,
a uma nova vida que torna
a florescer...

Não insistas!

SOLIDAO

Necessito apagar o desejo de ser mulher encarcerada.

Ainda que faça brotar lágrimas salgadas como o mar.
Vislumbrei uma multidão
. de abraços em constante fuga.
Uma viagem no tempo
carregando uma mochila de mortes e nascimentos.
Estás presente no meu estado emocional
que envolve minha alma, vestindo-a
de liberdade.

Confesso-te, que mesmo assim
a escuridão separa ,de outros mundos,
meu próprio universo.

INQUIETUDE

Minha alma
é um mar agitado,
rompendo com ira as ondas
contra o rochedo costeiro.
Tem o sabor de angústia e desespero,
como o vôo devastador
da águia, a procura da presa
para devorar sua carne.
É uma tormenta desatada,
para lacerar e corromper
cada pedaço de meu coração.
O desassossego em meu ninho
é como um labirinto lacrimoso,
em minha alma cheia de emoção.

AMOR

Que sentimento é este?
Capaz de me fazer sofrer
desejando que o tempo pare
para desfrutar cada segundo,
que passo a teu lado.
Será amor?
É o sorriso
brilhando em teus olhos
ainda que não seja por mim.
A espera
por uma palavra de esperança,
que ilumine meu deserto.
Anseio em ouvir-te
cada dia com que vens compartir
tua vida
sem fazer-me parte.
Amor é ver-te feliz
através de minhas lágrimas.
Isso é AMOR!

OS BEIJOS

Os beijos que eu gostaria de te dar,estão guardados no meu coração.

Os beijos que eu gostaria de sentir de tua boca permanecerão em minha alma.

Os beijos e abraços que eu gostaria de viver, dormirão em minha mente e meu peito.

Os beijos que não te dei, são as promessas do futuro,que se aninharão em minha boca esperando o amor profundo.

Os beijos que não te dei, guardo-os em meu coração, quisera tê-los em minha boca para amar-te.

Os beijos que não demos,ficarão como uma doce recordação,envoltos em lágrimas de esperança.

Os beijos que nos negamos é o fogo queimando meus lábios.

Os beijos que eu espero são luzes que brilham no horizonte.

Seguirei te esperando ...

BUSCO- TE

Busco-te como um pássaro
ao ninho de sua ninhada,
para nutri-lo de amor tão sonhado.
Avanço como um rio
delineando os obstáculos,
para chegar a imensidão do mar.

Busco-te no sorriso de uma criança
na magia de teu riso.

Busco-te em cada olhar
a esperança de que os nossos olhos se cruzem,
que nutre todo meu suspiro,
na noite como uma coruja
que se embriaga de estrelas.

Sim, busco-te em todos os cantos do infinito.

Busco-te

ETERNO OLHAR

Quando nossos olhos se encontram
é como mergulhar num mundo
sem palavras...

Tento dizer-te o que sinto,
não posso dizer-te o que quero...
E teus olhos ,continuam ,olhando-me em silêncio.
Procuro então, em teu rosto, em tuas mãos, em teu corpo,
a resposta.
Continuas mudo, nego lágrimas que insistem em cair,
fecho meus olhos
por um instante,um minuto,
um segundo.
Depois vejo teus olhos quase serenos,
indiferentes.
Só esta angústia
oprime meu peito.
Afortunado
insisto em ver-te,
procuro algum sinal,
um brilho,
de esperança.

CASTELOS DE AREIA

Sonhos desfeitos como castelos de areia,
construídos com agraciadas palavras
em meus ouvidos de menina mulher,
por um príncipe azul encantado
pela varinha mágica das palavras.

Castelos, ilusões efêmeras.
Realidades duradouras inapagáveis .
Belos castelos coloridos ,
que se tornam cinza e desabitados
na minha praia deserta ..

Castelos construídos no meu peito,
pela linguagem arquitetônica de sua voz,
bases fracas de areia,
que se desmancham com a realidade
do despertar.

Castelos de areia sem portas de entrada,
compactos, mas vazios, sem janelas
para observar o amor.

CAMINHO

Caminho pela casa e não te encontro.
Sinto tua presença,
teu cheiro, o brilho de teu sorriso.

Tua voz masculina em meus ouvidos,
para fazer uma canção.

Sigo pela habitação
e olho seu corpo estendido
entre os lençóis, meu coração bate
então me abaixo para tocar-te.

Mas as lágrimas que molham meu rosto
despertam-me e tu és só uma imagem.

Observo todos os rincões.
Onde estás?
Quero-te muito, preciso amar-te.

ÉS

És meu sonho mais formoso,
a festividade cotidiana,
saudade infinita.
O primeiro reflexo do dia,
a despedida na noite estrelada,
que unem em oração a
esperança de novas manhãs .

A magia de meus olhos.
o sorriso de meus lábios,
que acelera o coração,
com um suspiro prolongado.
Primoroso mundo,
deu-te a chave que abre o meu coração
e permite que entre o amor .

DESCULPA-ME

Desculpa-me por amar-te
seguindo teus passos e teus gestos.
Eu queria gravar,
em meu coração,
cada movimento teu.

As brincadeiras que fiz
e ver em teus lábios um sorriso.
Tantas vezes
digo teu nome,
com vontade de gritar
meu amor.
Desculpa-me pelos momentos que roubei
de teu precioso tempo,
para ficar contigo.
Procurei em ti o melhor de mim.
Sinto por estar ausente,
com tua doença ,
no entanto sofria esperando
beber de tua boca um som,
Para continuar amando-te.

VIDAS I

Vejo o sol indo lentamente.
As cores que o cercam são incríveis.
Vejo minha vida
pouco a pouco escorrendo
como um fio de areia,
entre os dedos.
O vazio dentro de meu peito,
é a certeza de que não ficam,
sequer esperança
ou sonhos.
Deslizo a mão em meu rosto,
e sinto o passar dos anos,
a pele pálida e flácida,
os olhos sem brilho
e minha alma
completamente desabitada
de emoções.
Às vezes sinto tímidos sorrisos,
mas é só ilusão.
As lágrimas brotam
silenciosas.

VIDAS II

Vidas, que se cruzam
que em seus abraços
se fundem.
Mesclando alegrias,
tristezas,amizade e confidências.

Vidas, que através do tempo
criam raízes em nossos corações,
trançando colares de felicidade.
Mas uma leve intempérie,
nos abandona desguarnecidos
deixando cicatrizes na alma.

Esquecendo que Deus
nos presenteia

com auroras de   vida

para iluminar novos caminhos.

DESEJO

Teus olhos como duas estrelas,
tua boca como a lua,
teu sorriso a esquentar-me,
tal qual um sol de inverno.
Que tuas mãos
explorem meu corpo,
como um mar profundo,
depois com elas entrelaçadas,
seguimos caminhando.
Abrigar-me em longos suspiros
de teu coração...

Quero-te por inteiro.

AMOR CICLONE

Um ciclone invadiu minha alma
varreu os meus pensamentos,
arrancou minhas árvores e raízes.
Teus olhos intensos
me transportaram a inolvidáveis mundos,
universos paralelos conjugados
cheios de vida.

Teus versos em meus ouvidos são prelúdios de paixão
e eu, manhã de outono,
sinto o vento em meu rosto,
o coração batendo descontrolado.
Me desnudas a alma,
completas minhas esperanças,
perfumándo-me com teus encantos,
extrais o mais bonito da minha existência.

Passo assim
entre o teu corpo e o meu,
momentos iluminados na minha vida,
envolta em abraços
de tuas mãos fortes.
Saboreio teus lábios
em beijos que me fazem infinita.
Foste o ciclone que atingiu
minha percepção do mundo,
dando luz a um novo amor!

VOCÊ

Chegou tranqüilo,
com um sorriso malicioso
brilhando em seus olhos,
palavras doces.

Ocupou longas horas
momentos de recordações,
emoções à flor da pele.

Acelerou o meu sonho
com contos de fantasias e eu,
imitando uma menina,
me deixei ser embalada.

Despertou sentimentos
cantando minha música favorita,
desajustando meu coração.

_ És um pôr do sol,
desenhas um arco-íris
em um novo entardecer.

Por isso que te dedico esta canção:
"Eu te quero tanto "

HOMEN POETA BANDIDO

Numa tarde fria e chuvosa
pelas ruas cinzentas , eu sigo
acompanhada por um bom homem.
Homem poeta, homem misterioso
com seus olhos negros como a noite,
com voz envolvente diz:
Eu sou um bandido e sigo a tradição da minha família,
Sequestro você!
Sorrio, pois me fascina o sequestro gentil,
onde este homem bandido me conduz
com segurança.

Envolta numa mistura de sentimentos,
encantamentos, sedução e medo.

Percebemos um sequestro permanente
uma história de vida,
que se repetiria indefinidamente
vencendo espaços e calendários.
Homem poeta bandido...
Quem é esse homem poeta bandido
lembrando pequenos detalhes?
Homem poeta de sentimento profundo
Homem bandido que me tem cativa
na guarida de seu amor.

NOSTALGIA

A dor no peito me consome
evocando o seu nome como um sussurro.

Invoco doces lembranças,
de caminhadas que fiz com você.

Houve risos, olhares, carícias compartilhadas,
com a suavidade do toque,
borboletas beijando as flores.

Você enche minha alma com ilusões de vida
fazendo voar com plenitude o meu ser.

Hoje, com o desejo do coração ferido,
só quero que você venha a mim,
com uma alma quente e perfumada.

RETORNO

Quando cruzamos nossos olhares,
reconheci os teus olhos negros.

Demoraste tanto a regressar,
que gastei noites, tecendo luas
para vestir o tempo.

Quando abri as portas
tu vieste com a luz solar
te recebi com festa,
sorrindo para ti com as minhas pétalas azuis.

Chegaste à minha cama de amor,
matando distâncias
antes do esquecimento.

Então me dobrei em tua pele,
e foi uma tempestade desatada,
girando em torvelinhos de amores.

Ao acordar em teus braços,
éramos um só corpo
consumado de harmonia.

Ambos havíamos triunfado
sobre o tempo e o esquecimento.

DESPERTO

Abro a janela dos meus olhos
com sussurros de sinfonia.
Deslizo nas nuvens do quarto
olhando para a claridade de seu sorriso,
saudar com pele morena o dia.

No berço de seus braços
o nosso leito de amor,
acorde o sol que
brilha entre as minhas pernas.

Balança o seu corpo
numa suave navegação marítima.
Aguça os meus sentidos,
com suas mãos sedentas.

Atentas ao desejo
de abrir
minha flor adormecida.

Eu levanto as minhas pernas como asas
para assumir esse vôo de borboletas
ao infinito.

NÃO!

Palavra repetida
tão fortemente em nossa infância.
Menina não joga na rua .
Rapazes não choram .
Não grite, não corra .

Na juventude.
Não se atrase para casa.
Não faltes à escola .
Não fume, não beba.

Palavra estranha
que encerra muita escuridão.
Muitas vezes esmagando os nossos sonhos.
Apagando as vontades.
Debilitando o caráter

No entanto, esse monossílabo
contém todo o amor
com o qual fomos criados,
a fim de evitar o perigo
em nossas vidas.

Palavra tão necessária
para a convivência da humanidade:
Não à guerra
Não à desigualdade

Não à injustiça
Não à corrupção
Não à violência
Não à escravidão
Não ao dano ambiental
Não a maus tratos de animais
Não ao que nos causa danos.
Não, Não, Não.

MINHA CASA

É perto do céu.
Embutida em uma floresta encantada.
Apoiada em uma sinfonia de pássaros.
Batem ondas perfumadas
janelas abertas de par em par
e revelam um mar de flores.
A primeira pedra foi amor.
Minha determinação e a fraternidade
dos meus amigos, suas fundações.
Cada canto é como a palma das minhas mãos.
Figuras, objetos, imagens,
têm uma razão de vida.
Galopei luas enfrentando tempestades,
para habitar o meu ninho.

SOU AGORA

Sou como o vento
em busca do horizonte
deslizando água de nascente;
para pacificar o meu ser.

Sou como a brisa do mar
dirigindo uma após a outra,
persistentemente
num galope macio,
milhares de ondas em direção às praias.

Sou um murmúrio suave
como carícias suaves
nas velas rotas e
envelhecidas.

BIOGRAFIA

Maria Luiza Walendowsky, catarinense, nacida en Brusque el día 20 de junio de 1956. Hija de Hilário Walendowsky y de Arlinda Zimermamm Walendowsky. Graduada en Pedagogía por la UDESC y post-graduada en Salud Mental Colectiva por la Assevim, estudia español en La Escuela For You Idiomas. Servidor pública de la Municipal (jubilada) del Ayuntamiento de Brusque donde ejerció el magisterio y también la función de fiscal sanitarista.

Se dedica a la poesía desde su adolescencia, valiéndose del uso del seudónimo. A partir de 2006 pasó a practicar la poesía trovadoresca, venciendo en algunos concursos a nivel Provincial, Nacional, e Internacional. En 2007 fue nombrada delegada de la UBT- Unión Brasileña de Trovadores para el Municipio de Brusque, teniendo como principal objetivo la divulgación de la trova así como la propagación de la cultura del municipio.

En 2008 recibió la Mención Honrosa con tres trovas con el tema "Sonrisa" en los III Juegos Florales de Balneário Camboriú/SC.

En 2009 compartió con la producción poética literaria, en forma de libro, "Cofradía Amante de la Poesía" lanzada en 21 de octubre del mismo año. En 2010 el Día Internacional de la Mujer, fue homenajeada como mujer destacada en el Área Cultural del año 2009, por el Club Soroptimista Internacional de Brusque. En

173

2010 participó del I Congreso Universal de Poesía Hispanoamericana (CUPHI) en Tijuana, Baja California, México, con publicación de dos poemas en español en la Antología Pensamiento Antológico Universal, La Poesía Purifica la Vida Humana.

En 2011 participó de la "Coetánea de trovas – volumen III de la UBT Sección Porto Alegre, titulada Río Grande Trovador". El 16 de abril de 2011 fue nombrada presidente de la UBT para la Sección de Brusque por indicación del trovador Luiz Carlos Abritta, ex-presidente de la UBT/Nacional.

En 2012 participó en el II Congreso Universal de Poesía Hispanoamericana en Concepción en Chile, con el lanzamiento de la respectiva Antología Poética con dos poemas en español. En 2012 fue nombrada Presidente del Consejo Provincial de la Unión Brasileña de Trovadores/UBT de Santa Catarina.

En el 2013 fue nombrada Coordinadora del Concurso Semillas Infantiles del III Congreso Universal de Poesía Hispanoamericana CUPHI en Los Ángeles California USA - 2014.

Participa en la Coetánea de Trovas - Volumen IV Río Grande Trovador Unión brasileña de Trovadores.UBT Sección de Porto Alegre-2013.

En 2014 clasificó en concursos de trovas y recibió la Mención Honrosa en Argentina y Francia y Mención Especial en Japón y Santos.

Premio Género Narrativo, Adultos, Concurso Internacional Puente de Palabras XII-2015, Rosario, Argentina

BIOGRAFIA

Maria Luiza Walendowsky, Santa Catarina, Brusque nascida em 20 de junho de 1956. Filha de Hilário Walendowsky e Arlinda Zimermamm Walendowsky. Formada em Pedagogia UDESC e pós-graduação de Saúde Mental Coletiva pela Assevim, estuda espanhol na escola de idiomas For You. Servidora Pública Municipal (aposentada) da Cidade de Brusque onde foi professora e também exerceu a função de fiscal sanitarista.

Dedica-se à poesia desde a adolescência, utilizando pseudônimo. A partir de 2006 - passou a praticar poesia trovadoresca, ganhando algumas competições em nível estadual, nacional e internacional.

Em 2007- foi nomeada delegada da União Brasileira UBT- Trovadores para o Município de Brusque, tendo como objetivo principal a divulgação da trova e a difusão da cultura da cidade.

Em 2008- recebeu a Menção Honrosa em três trovas com o tema "sorriso" no III Jogos Florais Balneário Camboriú / SC.

Em 2009- compartilhou com a produção poética literária, sob a forma de livro, "Confraria Amante da Poesia", lançada em 21 de outubro do mesmo ano.

Em 2010- no Dia Internacional da Mulher, foi homenageada como mulher destaque na área de Cultural de 2009, pelo Clube Soroptimista Internacional de Brusque. Em 2010 participou no Congresso Universal de Poesia Hispanoamericana (CUPHI) em Tijuana, Baja Califórnia, no México, com a publicação de dois poemas em espanhol na Antologia Pensamento Universal, "A Poesia Purifica a Vida Humana".

Em 2011- participou da "Coletânea de trovas - Volume III UBT Seção Porto Alegre,intitulado Rio Grande Trovador".Em 16 de Abril de 2011 foi nomeada presidente da UBT a Seção Brusque por indicação do trovador Luiz Carlos Abritta, ex-presidente da UBT Nacional.

Em 2012- participou do II Congresso Mundial de Poesia Hispânoamericana em Concepción, no Chile, com a lançamento na respectiva Antologia Poética com dois poemas em espanhol. Em 2012, foi nomeada presidente do Conselho Estadual da União Brasileira de Trovadores / UBT Santa Catarina.

Em 2013 -foi nomeada Coordenadora do Concurso "Sementes Infantis" do III Congresso Universal de Poesia Hispanoamericana -CUPHI em Los Angeles Califórnia, EUA - 2014. Participa da Coletânea de Trovas - Volume IV Seção Rio Grande Trovador União Brasileira de Trovadores.UBT Porto Alegre de 2013.

Em 2014- classificou-se nos concursos de Trova, recebendo Menção Honrosa na Argentina e na França e Menção Especial no Japão e em Santos.

Em 2015- Premio Gênero narrativo, adultos, Concurso Internacional Puente de Palabras XII, com o poema Las Manos em Rosário, Victoria e Argentina.

ÍNDICE

www.ingramcontent.com/pod-product-compliance
Lightning Source LLC
Chambersburg PA
CBHW051831090426
42736CB00011B/1757